CHARTA|RISK
5

De la multiplicité des choses
provient l'un et de l'un la multiplicité
Héraclite

From the multiplicity of things comes
the one and from the one, multiplicity
Heraclitus

Dalla molteplicità delle cose
proviene l'uno e dall'uno la molteplicità
Eraclito

Lucrezia De Domizio Durini

D'IO "être les autres"

Gerardo Dicrola

& Patricia e Andrei Feraru

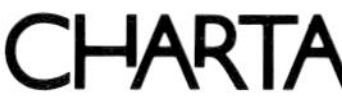

Conception/Conceiving/Ideazione
Lucrezia De Domizio Durini

Conception graphique/Design/
Progetto grafico
Gabriele Nason

Coordination rédactionelle/Editorial
coordination/Coordinamento redazionale
Emanuela Belloni

Rédaction/Editing/Redazione
Elena Carotti

Traduction/Translation/Traduzione
Scriptum, Roma

Service de Presse/Press office/Ufficio stampa
Silvia Palombi Arte & Mostre, Milano

Réalisation technique/Production/
Realizzazione tecnica
Amilcare Pizzi Arti grafiche,
Cinisello Balsamo, Milano

Edizioni Charta
via della Moscova, 27
20121 Milano
tel. +39-2-6598098/6598200
fax +39-2-6598577
e-mail: edcharta@tin.it

Printed in Italy

Commissaire (curator)
Carlo Prosperi

Projet génerique D'IO

Maquette
Patricia Feraru, Gerardo Dicrola

Photos maquette
Andrei Feraru

Bande son
texte: Gerardo Dicrola;
voix: Valérie Vernet, Gerardo Dicrola

Boucle images informatique
Vincent Falcucci, Patricia Feraru

Bande vidéo
Vincent Falcucci, Valérie Vernet

CD-ROM
Vincent Falcucci

Etude configuration informatique
Jean François Saumureau

Présentation à Chateaumeillant

Conférence
Gerardo Dicrola, Andrei Feraru

Simulation
Vincent Falcucci, Valérie Vernet, Patricia Feraru

Relation publiques
Carlo Prosperi

Le serate di Risk - 28 aprile 1998 - Loft di via Mecenate 76 - Milano - **Gerardo Dicrola**

❷

Lucrezia De Domizio Durini

L'architecture de la matière

*La pensée et le pouvoir de penser sont en tout temps, en tout lieu
et en toute situation au monde, précisément ce dont on a le plus besoin
T. Carlyle*

Le parallélisme des attitudes sociales a produit des broyages et, grâce à ces écarts, on voit agir dans notre contemporanéité *mutations* et *levages*.
L'homme a redécouvert la magie de l'isolement. La solitude devient zone d'étude de l'homme et de l'histoire, parcours de mémoire, courage de se souvenir de soi-même, réflexion de récurrence.
A ce carrefour, les années 90 représentent le tunnel extrême où la traversée, dans les diverses instances culturelles, est placée sur l'attention de la pensée comme décomposition de l'image et comme étude des fonctions.
Le travail de l'artiste devient proposition culturelle de l'homme, entendu comme analogie de réflexion. On ne parle pas d'étude de l'anthropologie ou d'art anthropologique; on outrepasse le seuil des fondements acquis par les diverses méthodologies, doctrines et philosophies.

L'homme est le miroir de l'homme

Les actes créateurs sont événements du monde où l'homme artiste est l'artisan de la pensée totale.
L'artiste installe son propre projet non plus sous forme symbolique, mais l'emblématise en une expérimentation perceptive continue, et par un grand acte d'amour, en fait don au désir de la volonté capable d'autoévoluer.
Les matériaux employés par les artistes sont disparates, et par ailleurs, communs à la vie quotidienne et aux expressions usuelles de l'art et de la vie: bois, fer, pierre, verre, papier, peinture, etc, qui s'alternent aux nouveaux langages: photographie, vidéo, ordinateur, Internet, film, théâtre, etc, et peuvent s'interchanger d'oeuvre en oeuvre selon la nécessité de l'artiste.
Ce qui signifie que le matériau n'est ni identification ni méthodologie.
La pensée de l'artiste est la seule interprète du travail, elle matérialise les matériaux qui, en se reflétant sur la réflexion, produisent la connaissance de l'idée.

Le matériau ne représente donc pas le symbolisme matériel comme dans l'Art Pauvre, ni le symbolisme transcendental et social de la pensée beuysienne, ni le syllogisme de l'Art Conceptuel, et moins encore le signe de transgression picturale des trans-avant-gardistes.
Pour les artistes de la nouvelle expérimentation, le matériau est le *miroir de la pensée,* laquelle cohabite avec la réalité de la contemporanéité et les attitudes de l'homme.
C'est dans ce domaine de recherche humaine et sociale que se situe l'intégralité du travail de l'artiste Gerardo Dicrola.
La vie, l'habitat, les circonstances, les problématiques sociales, politiques et culturelles ont constamment impliqué l'artiste en déterminant les actions et les sentiments de son oeuvre d'art, de sa vérité sacramentelle.
Dans le signifié de son travail, l'interprétation n'est pas arbitraire mais compose et épelle la vie.
Depuis le début des années 70, l'artiste a vécu une transformation continue: de la simplicité à la complexité, de l'expérience individuelle à l'expérience totale de la recherche artistique.
Il règne dans l'oeuvre de Dicrola une nouvelle façon d'expérimenter le flux des événements, où le sens profond est la participation au temps présent, tant de soi-même que de la globalité du monde.
C'est à travers l'action des hommes que l'artiste retrouve son âme, son credo, la force vitale qui rend possible l'harmonie de la pensée.
Les oeuvres de Dicrola ne doivent pas être lues comme condition de profession pragmatique, construite par des formules générationnelles ou idéalistes à l'intérieur des systèmes. Sa vision est dans l'harmonie de sa pensée. Dans le "Je" qui interagit dans le mystère profond de son oeuvre d'art.
Dicrola est l'artiste qui, dans le voyage passionnant de l'art, se confronte aux langages les plus disparates, des archétypes du système artistique aux nouveaux procédés technologiques, en cherchant une forme d'intercommunication culturelle, actuelle et vitale.
Dans ce travail intitulé justement *D'IO* ("De Je", qui se lit comme "Dio", "Dieu", *N.d.T.*),

l'ambiguïté est dans le renvoi à des alternances continues adressées au cosmos et à l'acquisition individuelle.

La scénographie magistrale est en rapport de collaboration solidaire entre implication de structure sociale et mythologie personnelle, et conduit péremptoirement à la confrontation métaphysique.

Dans *D'IO*, l'artiste crée sa propre architecture, le cercle magique universel qui traverse l'identité de l'être.

La mise en scène est la représentation théâtrale d'un parcours existentiel et humain.

Dicrola, à travers l'oeuvre, s'adresse à la mémoire, à l'écoulement du temps. Il acquiert les mutations biologiques. Il provoque des levages dynamiques qui subissent la transsubstantiation de l'image et de l'esprit.

La communication est la motivation primaire qui induit l'artiste à la nécessité du voyage artistique. Un parcours constamment vécu d'expérimentations et de fonctions, de rapport entre hommes et réalité de la vie, de refoulements et sédimentations, d'harmonie et de désirs.

C'est dans cette exploration totale que vit la sacralité de l'oeuvre *D'IO* de Gerardo Dicrola.

La proposition de l'artiste est dans la transformation sociale. Elle est tentative de qualification, de réflexion et d'analyse de l'homme. L'acte créateur est une force libre et indépendante exclusivement inhérente à une haute personnalité. Seule une chose jaillissant de la substance originelle, laquelle contient le pouvoir d'accroître l'énergie du monde, peut être pure créativité.

Le véritable artiste défie constamment le monde et, mettant à rude épreuve ses capacités, agit toujours de façon libre et avec une détermination créatrice.

Gerardo Dicrola lance au monde, à travers l'ensemble de son oeuvre, un message d'énergie thérapeutique, en restituant à l'homme la conscience de sa propre identité.

*Tout ce travail n'a pas pour nous de but esthétique, mais est un laboratoire
où exprimer au mieux les faits de notre temps. Nous les artistes ne sommes pas
des prêtres créateurs, mais des ouvriers qui exécutent une commande sociale
V. Majakovskij*

Lucrezia De Domizio Durini

The Architecture of Material

*Thought and the power to think are in every time, in every place and situation
in the world, precisely the thing we need most
T. Carlyle*

The parallelism of social attitudes has produced a splintering, and as a result of these differences *mutations* and *expansions* are now taking place.
Man has rediscovered the magic of isolation. Solitude becomes the area of study of man and history, marked by memory, the courage to remember one's self, reflection.
In this context, the 1990s are the extreme tunnel in which thought, in the various areas of culture, is directed to the decomposition of the image and the study of functions.
The work of the artist becomes the cultural proposal of man, understood as analogies of reflection. It is not a case of the study of anthropology or of anthropological art, but of going beyond the threshold of the foundations acquired by the various methodologies, doctrines and philosophies.

Man is the Mirror of Man

Creative acts are events of the world in which man the artist is the author of total thought.
The artist no longer installs his project in symbolic form but makes it an emblem in continuous experiment on perception and, with a great act of love, gives it to the desire of a will able to evolve.
The materials used by artists are disparate and in any case common to everyday life and to the usual expressions of art and life: wood, iron, stone, glass, paper, paint, etc., alternate with new languages: photography, video, computer, the Internet, film, theatre, etc., and can interchange from one work to another according to the needs of the artist.
This means that material is neither identification nor methodology.
The thought of the artist is the only interpreter of the work: it materializes the

materials which, reflecting on reflection, produce awareness of the idea.

Material does not, therefore, represent the symbolism of material as in *Arte Povera*, nor the transcendental and social symbolism of the thought of Beuys, nor the syllogism of Conceptual Art, let alone the pictorial transgressiveness of the *Transavantgarde*.

For artists involved in the new experimentation, material is the *mirror of thought* that coexists with the reality of contemporary life and the attitudes of man.

It is in this context of human and social research that the work of the artist Gerardo Dicrola must be seen.

Life, the environment, circumstances, and social, political and cultural issues have constantly occupied the artist, determining the actions and the sentiments of his works, of his sacral truth.

In the meaning of his work, interpretation is not arbitrary, but composes and divides up life.

Right from the early seventies, the artist has evolved continuously: from simplicity to complexity, from individual experience to the total experience of artistic research.

In Dicrola's work, there is a new way of experimenting with the flow of events, where the deep meaning is the participation in the present time, both his own and that of the world in general.

It is through the action of men that the artist rediscovers his soul, his *credo*, the vital force that makes harmony of thought possible.

The works of Dicrola should not be read as the condition of pragmatic profession, made up of generational or idealistic formulae within systems. His vision is in the harmony of his thought. In the "self" that interacts in the mysterious depth of his work.

In the fascinating journey of art, Dicrola is an artist who experiments with a wide range of languages, from the archetypes of the artistic system to the new technological processes, looking for a relevant and vital form of cultural intercommunication.

In this precise work entitled *D'IO*, the ambiguity is the appeal to continuous alternatives addressed to the cosmos and to individual awareness.

The masterful scenography shows a combination of social involvement and personal mythology that leads decisively to metaphysical confrontation.

In *D'IO*, the artist creates his own architecture, the universal magic circle that runs through the identity of the being.

The theatrical production of an existential and human path.

Through his work Dicrola addresses memory, the flow of time. He acquires biological mutations. He provokes dynamic expansions that undergo the transubstantiation of the image and of the mind.

Communication is the primary motivation that leads the artist to the necessity of the artistic journey. A constantly experienced path of experiment and functions, of the relationship between men and the reality of life, of repression and sedimentation, of harmony and desires.

The sacrality of Gerardo Dicrola's *D'IO* lies in this total exploration.

The artist's proposal lies in social transformation. It is an attempt to reflect and analyse man. The creative act is a free and independent force that only involves another personality. Only something that springs from the original substance that contains the power to increase the energy of the world can be pure creativity.

The true artist constantly challenges the world and puts his abilities to the test by always acting freely and with creative determination.

In all his work, Gerardo Dicrola launches a message of therapeutic energy to the world, returning to man the awareness of his own identity.

All this work has no aesthetic end for us, but is a laboratory to be able to express as well as possible the events of our time. We artists are not creators or priests, but workers carrying out a social order
V. Majakovskij

Lucrezia De Domizio Durini

L'architettura della materia

*Il pensiero e il potere di pensare sono in ogni tempo, in ogni luogo o situazione
del mondo, precisamente la cosa di cui si ha più bisogno*
T. Carlyle

Il parallelismo degli atteggiamenti sociali ha prodotto frantumazioni e, grazie a
queste discrepanze, sono in atto nella nostra contemporaneità *mutazioni* e *lievitazioni.*
L'uomo ha riscoperto la magia dell'isolamento. La solitudine diviene zona di studio
dell'uomo e della storia, percorso di memoria, coraggio di ricordare se stessi,
riflessione di ricorrenza.
In questo crocevia gli anni '90 rappresentano il tunnel estremo in cui l'attraversa-
mento, nelle diverse istanze culturali, è posto sull'attenzione del pensiero come
decomposizione dell'immagine e come studio delle funzioni.
Il lavoro dell'artista diviene proposta culturale dell'uomo, inteso come analogie
di riflessioni. Non si parla di studio dell'antropologia o di arte antropologica; si
oltrepassa la soglia dei fondamenti acquisiti dalle varie metodologie, dottrine e
filosofie.

L'uomo è lo specchio dell'uomo

Gli atti creativi sono eventi del mondo ove l'uomo artista è l'artefice del pensiero
totale.
L'artista istalla non più in forma simbolica il proprio progetto ma lo emblematizza
in una continua sperimentazione percettiva e, con un grande atto d'amore, lo dona
al desiderio della volontà capace di autoevolversi.
I materiali usati dagli artisti sono disparati e comunque comuni alla vita quotidiana
ed alle usuali espressioni dell'arte e della vita: legno, ferro, pietra, vetro, carta, pittura, etc., essi si alternano ai nuovi linguaggi: fotografie, video, computer, Internet,
film, teatro, etc. e possono intercambiarsi da opera ad opera secondo le necessità
dell'artista.
Ciò significa che il materiale non è identificazione né metodologia.

Il pensiero dell'artista è l'unico interprete del lavoro, esso materializza i materiali che, rispecchiandosi sulla riflessione, producono conoscenza dell'idea.

Il materiale quindi non rappresenta il simbolismo materico come nell'Arte Povera, né il simbolismo trascendentale e sociale del pensiero beuysiano, né il sillogismo dell'Arte Concettuale, tantomeno il segno di trasgressività pittorica dei transavanguardisti.

Per gli artisti della nuova sperimentazione il materiale è lo *specchio del pensiero* il quale convive con la realtà della contemporaneità e le attitudini dell'uomo.

In questo ambito di ricerca umana e sociale si colloca l'intero lavoro dell'artista Gerardo Dicrola.

La vita, l'habitat, le circostanze, le problematiche sociali, politiche e culturali hanno costantemente coinvolto l'artista determinando le azioni e i sentimenti della sua opera d'arte, della sua sacrale verità.

Nel significato del suo lavoro, l'interpretazione non è arbitraria ma compone e sillaba la vita.

Sin dai primi anni '70 l'artista ha vissuto una continua trasformazione: dalla semplicità alla complessità, dall'esperienza individuale a quella totale della ricerca artistica.

Regna, nell'opera di Dicrola, un nuovo modo di sperimentare il trascorrere degli eventi, ove il senso profondo è la partecipazione al tempo presente, sia di se stesso che della globalità del mondo.

È attraverso l'agire degli uomini che l'artista ritrova la sua anima, il suo credo, la forza vitale che rende possibile l'armonia del pensiero.

Le opere di Dicrola non vanno lette come condizione di professione pragmatica, costruita da formule generazionali o idealistiche all'interno dei sistemi. La sua visione è nell'armonia del suo pensiero. Nell'"Io" che interagisce nel mistero profondo della sua opera d'arte.

Dicrola è l'artista che nel viaggio affascinante dell'arte si confronta con i linguaggi più disparati, dagli archetipi del sistema artistico ai nuovi processi tecnologici cercando una forma di intercomunicazione culturale, attuale e vitale.

In questo preciso lavoro titolato *D'IO* l'ambiguità è il rimando ad alternanze continue rivolte al cosmo e all'acquisizione individuale.
La magistrale scenografia è in rapporto di solidale collaborazione tra coinvolgi-
mento di struttura sociale e mitologia personale che conduce perentoriamente al
confronto metafisico.
In *D'IO* l'artista crea una propria architettura, il cerchio magico universale che attra-
versa l'identità dell'essere.
L'allestimento è la rappresentazione teatrale di un percorso esistenziale ed umano.
Dicrola attraverso l'opera si rivolge alla memoria, allo scorrere del tempo. Acquisi-
sce le mutazioni biologiche. Provoca lievitazioni dinamiche che subiscono la tran-
sustanziazione dell'immagine e della mente.
La comunicazione è la motivazione primaria che induce l'artista alla necessità del
viaggio artistico. Un percorso costantemente vissuto di sperimentazioni e funzioni,
di rapporto tra uomini e realtà della vita, di rimozioni e sedimentazioni, di armonia
e desideri.
In questa esplorazione totale vive la sacralità dell'opera *D'IO* di Gerardo Dicrola.
La proposta dell'artista è nella trasformazione sociale. È tentativo di qualificazione,
riflessione e analisi dell'uomo. L'atto creativo è una forza libera ed indipendente
inerente solo ad un'alta personalità. Soltanto qualcosa che scaturisce dalla sostan-
za originaria che contiene il potere di accrescere l'energia del mondo può essere
creatività pura.
Il vero artista sfida costantemente il mondo e, mettendo a dura prova le sue capa-
cità, agisce sempre in modo libero e con creativa determinazione.
Gerardo Dicrola lancia al mondo, attraverso l'intero suo lavoro, un messaggio di
terapeutica energia, restituendo all'uomo la coscienza della propria identità.

Tutto questo lavoro non ha per noi nessun fine estetico, ma è laboratorio
per poter esprimere nel migliore dei modi i fatti del nostro tempo. Noi artisti
non siamo sacerdoti creatori, ma operai che eseguono un'ordinazione sociale
V. Majakovskij

Le Serate di Risk ❷
28 aprile 1998 - ore 21

D'IO "être les autres"
Gerardo Dicrola
& Patricia e Andrei Feraru

Lucrezia De Domizio Durini
La invita nel loft
di via Mecenate 76
a Milano

Pubblicazione
collana Charta/Risk

Invito strettamente personale
R.S.V.P.
tel. 02/58010548
fax 02/58010860

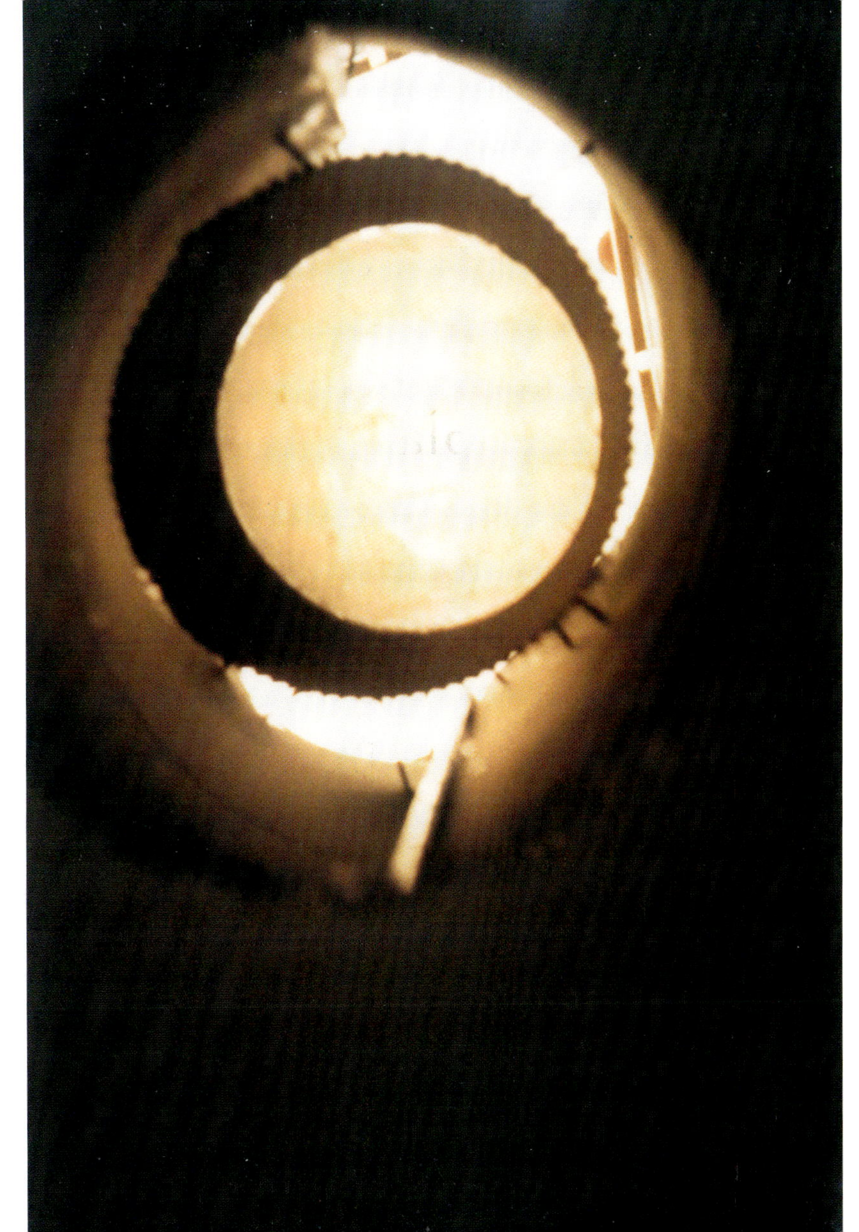

Carlo Prosperi

L'icône congelée

La recherche artistique de Gerardo Dicrola possède une profonde complexité linguistique.
Dès ses débuts, l'artiste interroge le sens intime de la Nature et de l'Homme.
La conceptualité de son opération touche la projection de soi-même à travers les hommes et le monde qui les entoure.
Dès le début des années 70, on rencontre dans ses travaux tels que *Sperme congelé pour un futur enfant à moi en 2700* et *Crise de création-emploi d'espace réel* une authenticité de langages archétypiques amalgamés aux nouveaux langages de la technologie actuelle.
L'artiste Dicrola tend toujours, à travers ses oeuvres et ses actions, à se dépouiller de sa propre identité et à s'approprier l'identité d'autrui.
Typique de cette approche est son travail *Celebration*, présenté à l'occasion de l'exposition au Palazzo dei Diamanti à Ferrara en 1981, dans lequel le "Vidéorama" et le "Reportage photographique" créent la réalité scénique de l'oeuvre d'art.
D'IO, cet ouvrage singulier présenté dans le loft de Lucrezia De Domizio Durini lors d'une soirée du *Risk Arte Oggi*, prend sa source dans l'une des oeuvres les plus significatives de la recherche artistique de Dicrola: *Le un et le multiple, Héraclite d'Ephèse*. Ce travail bénéficie de la "complicité" technique des architectes Patricia et Andrei Feraru, qui ont entièrement assimilé le concept et en ont assuré toute la réalisation technique et architecturale avec enthousiasme.
L'oeuvre coagule la perceptivité sensitive et visuelle du concept global de l'artiste, tout en vivant la relativité d'un espace atypique.
D'IO est une oeuvre universelle.
Au seuil du Troisième Millénaire, l'artiste Gerardo Dicrola tend à faire don au monde d'un message de renaissance spirituelle et humaine possible.
L'artiste, par son oeuvre, rappelle aux hommes une vérité inéluctable qui, outrepassant les accumulations arbitraires de la matière et les exorcisations de la science, va toucher l'image de l'homme comme réalité emblématique universelle.
Pour Gerardo Dicrola: "L'image de l'homme restera congelée pour l'éternité".

The Frozen Icon

Gerardo Dicrola's artistic research is distinguished by a profound linguistic complexity.
Since the beginning of his career, the artist has explored the intimate side of Nature and Man.
The conceptuality of his work is based on the artist's projecting himself through the human beings and the world that surrounds them.
Already at the beginning of the seventies, such opuses as *Frozen sperm for my future child in the year 2700* and *Creation-occupation crisis of an actual space*, possessed an authenticity of archetypal languages combined with the new languages of state-of-the-art technology.
As an artist, Dicrola always tends, through his works and actions, to strip himself of his own identity and to assume the identity of others.
This can be seen in *Celebration*, presented at the exhibition at Palazzo dei Diamanti, Ferrara, in 1981, where the "Videorama" and "Photo reportage" created the scenic reality of the work of art.
This particular work, *D'IO*, presented in the loft of Lucrezia De Domizio Durini at one of the *Risk Arte Oggi* evenings, has its origins in one of the most signficant of Dicrola's research projects, entitled: *Le un et le multiple, Héraclite d'Ephèse.*
The work benefits from the technical "complicity" of architects Patricia and Andrei Feraru, who completely assimilated the concept and enthusiastically guaranteed the successful realization of the technical and architectonic aspects.
The work embodies the sensory and visual perception of the artist's overall concept, in relation to an atypical space.
D'IO is a universal work of art.
At the dawn of the Third Millennium, Gerardo Dicrola's message to the world is that man and the spirit can be reborn.
Through his work the artist reminds the human race of an ineluctable truth which, going beyond the arbitrary accumulation of matter and the exorcism of science, reveals the image of man as a truly universal symbol.
For Gerardo Dicrola: "The image of man will remain frozen in eternity".

L'icona congelata

La ricerca artistica di Gerardo Dicrola possiede una profonda complessità linguistica.
L'artista, sin dai primi anni, si rivolge al senso intimo della Natura e dell'Uomo.
La concettualità della sua operazione tocca la proiezione di se stesso attraverso gli uomini e il mondo che li circonda.
Già agli inizi degli anni '70 si riscontra nei suoi lavori come *Sperma congelato per un futuro figlio mio nel secolo 2700* e *Crisi di creazione-occupazione di spazio reale*, un'autenticità di linguaggi archetipi amalgamati con i nuovi linguaggi dell'attuale tecnologia.
L'artista Dicrola tende sempre, attraverso opere e azioni, a spogliarsi della propria identità e ad appropriarsi dell'identità altrui.
Tipico è il lavoro *Celebration* presentato in occasione della mostra a Palazzo dei Diamanti a Ferrara nel 1981 ove il "Videorama" e il "Reportage fotografico" creano la realtà scenica dell'opera d'arte.
Questo particolare lavoro *D'IO* presentato nel loft di Lucrezia De Domizio Durini in una delle serate di *Risk Arte Oggi*, prende origine da una tra le più significative opere della ricerca artistica di Dicrola *Le un et le multiple, Héraclite d'Ephèse*.
Il lavoro si avvale della "complicità" tecnica degli architetti Patricia e Andrei Feraru che hanno interamente assimilato il concetto e ne hanno assicurato tutta la realizzazione tecnica e architettonica con entusiasmo.
L'opera coagula la percettività sensitiva e visiva del concetto globale dell'artista pur vivendo la relatività di un atipico spazio.
D'IO è un'opera universale.
Alle soglie del Terzo Millennio l'artista Gerardo Dicrola tende a donare al mondo un messaggio di possibile rinascita spirituale ed umana.
L'artista, con la sua opera, ricorda agli uomini una ineluttabile verità che, oltrepassando le accumulazioni arbitrarie della materia e le esorcizzazioni della scienza, va a toccare l'immagine dell'uomo come realtà emblematica universale.
Per Gerardo Dicrola: "L'immagine dell'uomo resterà congelata in eterno".

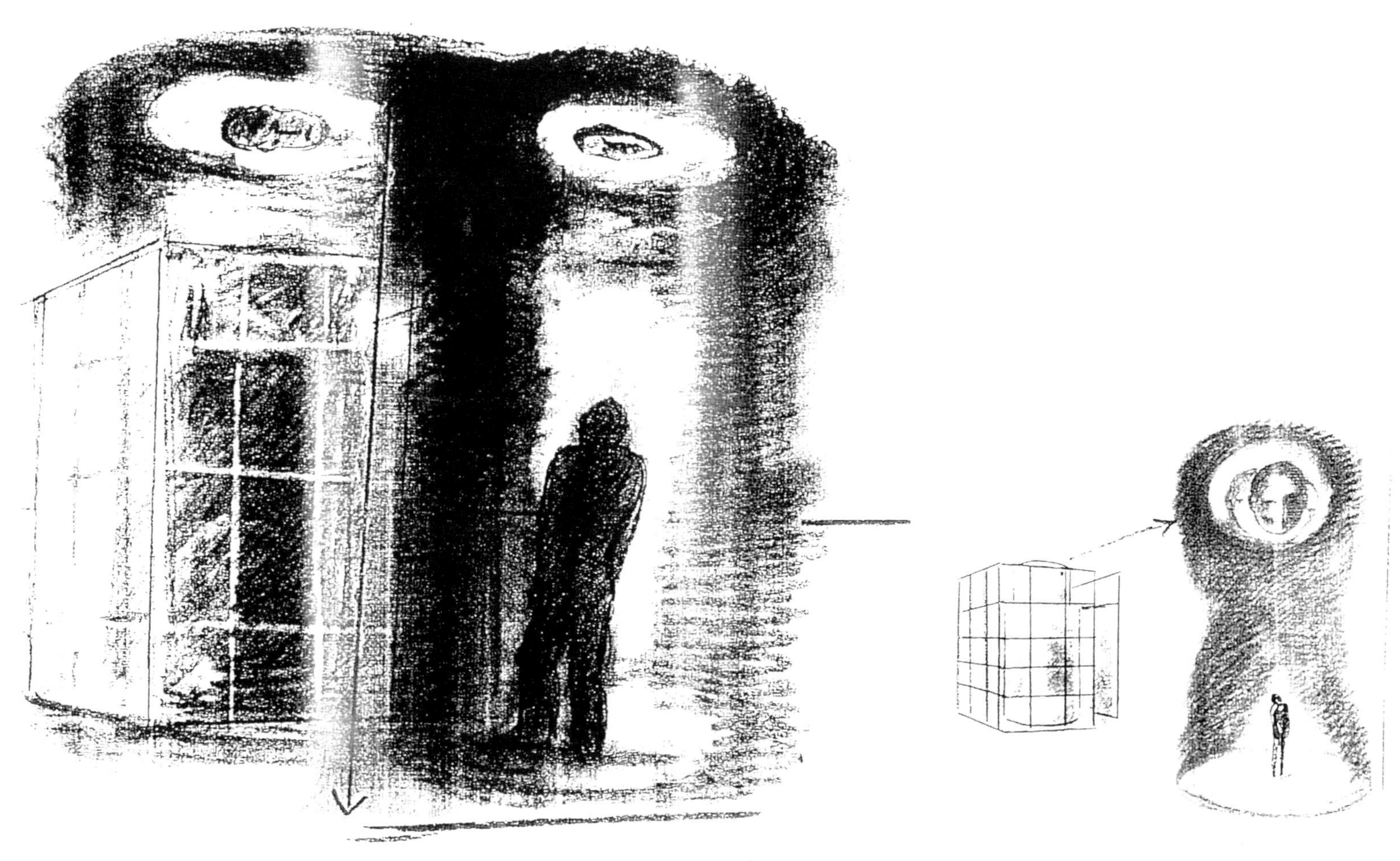

MEROLA . 98

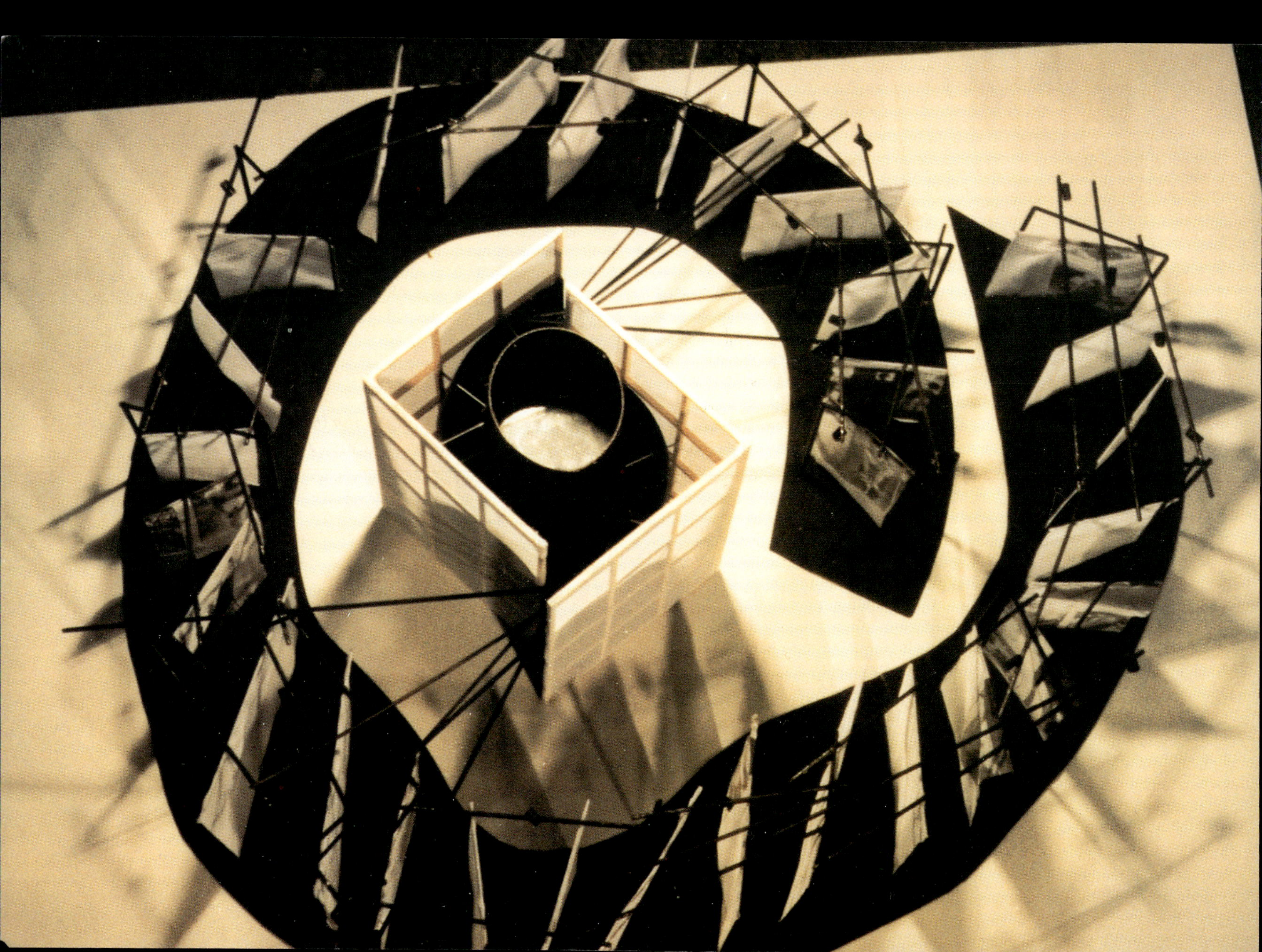

D'IO

du concept
à l'installation

... l'être, moi, IO ...
fondu par un processus visuel de superposition en transparence de portraits
individuels: un visage générique en permanente transformation prende forme(s),
un moi, IO, pluriel, un possible dieu, dio, D'IO ...
"un être, les autres" ...

... l'humanité entière est implicitement présente dans l'image globale D'IO ...

fusion aléatoire de portraits où tout individu est acteur de fait ...

La conscience de la participation se doit d'être ambiguë, ma présence même
m'entraîne dans la création, et c'est lorsque je me vois dans D'IO,
(... la saisi de mon visage me fut dissimulée, mon *portrait volé* ...)
que je comprends mon rôle, notre rôle à tous ... nous, vous, les autres ...

Le geste architectural joue le dynamisme d'une enveloppe perméable, un *filtre*
centrifuge qui cerne un objet massif, dense, (étanche?), la *tour*.

La traversée des filtres, voiles translucides imprimés de silhouttes, me multiplie
en me superposant aux autres, images et/ou visiteurs réels qui les longent ...
Et la tour, qui me laisse deviner sa complexité intérieure à travers une première
peau voilée, m'attire ... me capte ... m'aspire ...
Je franchis le seuil et je suis dans un espace autre: sombre, ouaté, ou de
multiples voix s'entremêlent ... j'avance ...
et au milieu, là, au-dessus, je me découvre ...
moi ...
io ...
acteur de D'IO ...

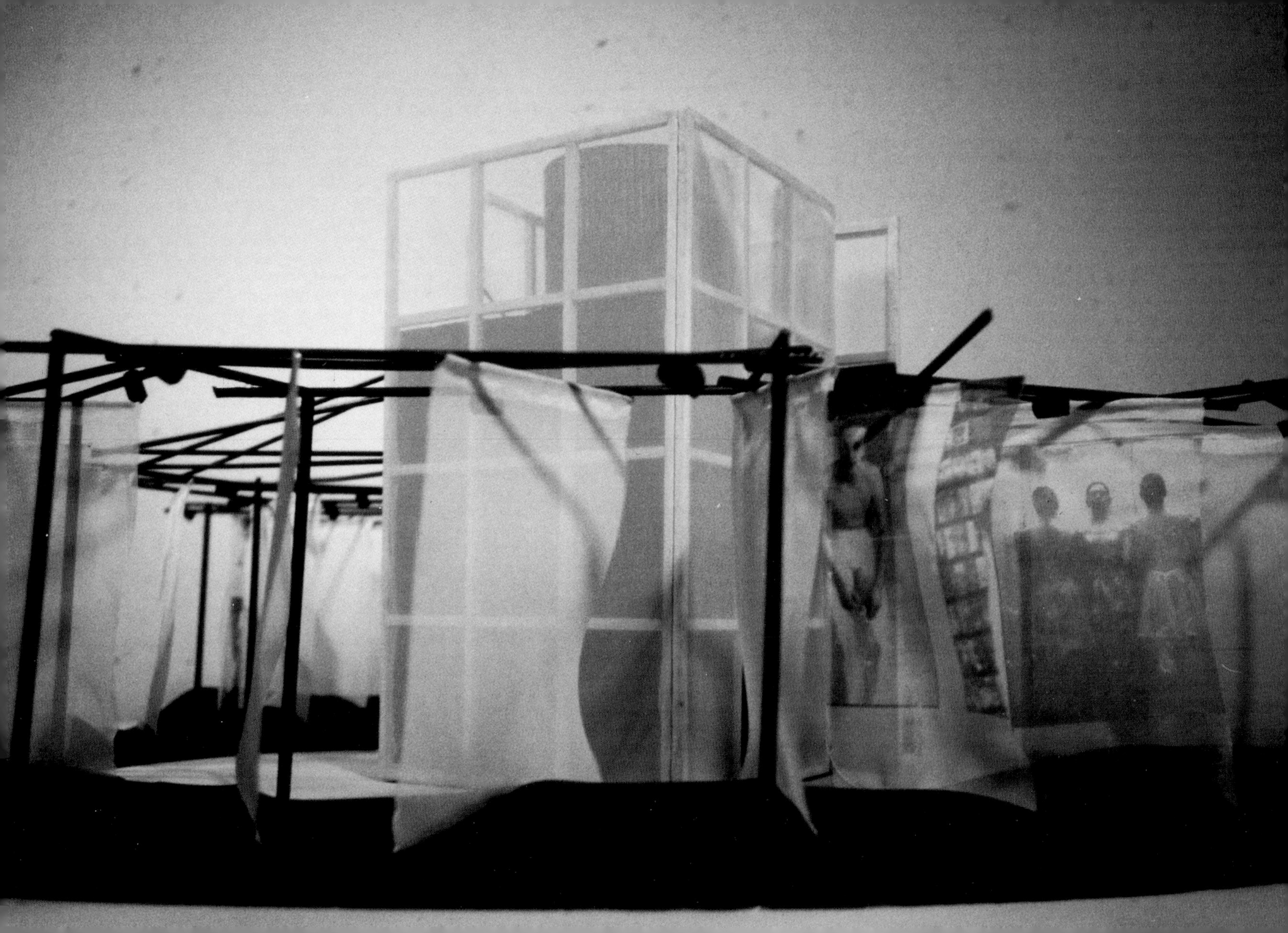

filtres
philters
filtri

la tour
the tower
la torre

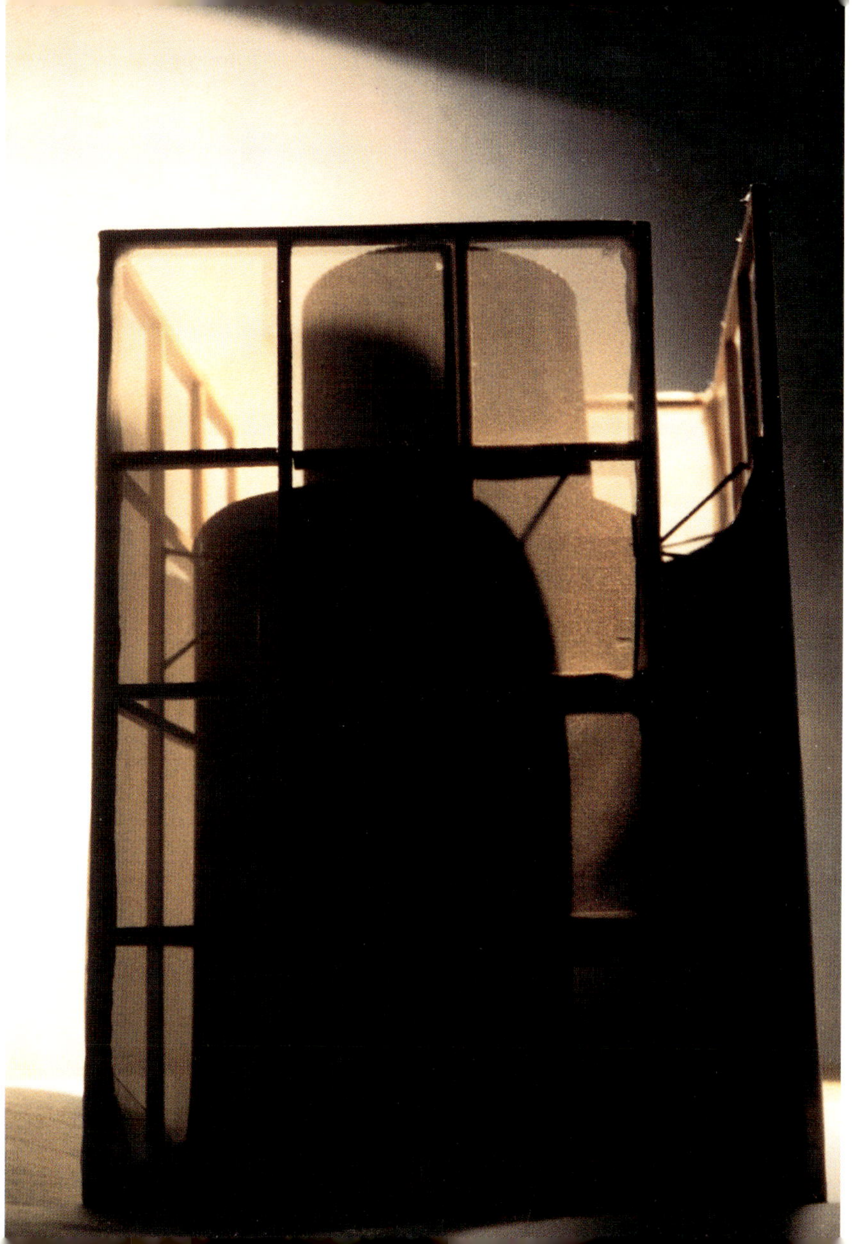

Synopsis

... et là-haut c'est D'IO, ce visage flou, être androgyne et métis-
sé ... hors d'âge ... tous ces traits mélangés ... ceux des autres ...

... et puis c'est moi, IO, mon seul visage sur ce grand écran
rond au-dessus de moi ... c'est mon visage à la place de D'IO ...
... moi évanescent ... et progressivement je me fonds ... je
me dissous dans cet être ambigu ...
D'IO revient et m'absorbe ... je m'aperçois dans ce mélange,
je suis parmi les autres ...

... un autre visage passe et nous rejoint ... nouvelle absorp-
tion ... nous, vous, les autres ... suis-je encore là?

"être les autres", ... *io*, ... moi, ... me, ... la mia immagine, ... moi capturé, moi volé, ... image volée, image volante, ... toi, nous, vous, ... les autres, ...io, ... D, ' , io, ... dio, ... moi, ... me, ... my image, stolen image, image volée, ... image volante ... toi, ... me, you, us, ... the others, ... accumulation d'images volées, pour une métamorphose, pour une nouvelle image, image de tous et de chacun, ... io, ... D, ' , io, ... *dio*, ... dieu, ... moi, ... mon image, ... accumulazione d'immagini rubate, per una metamorfosi, per una nuova immagine, immagine di tutti e di ognuno di noi, ... io, ... D, ' , io, ... *dio* , ... god, ... me, ... immagine rubata, ... tu, ... voi, noi, gli altri, ... accumulation of stolen images, for a metamorphosis, for a new image, an image of everyone and of each of us, ... god, ... me, ... io, ... D, ' , io, ... *D'IO*

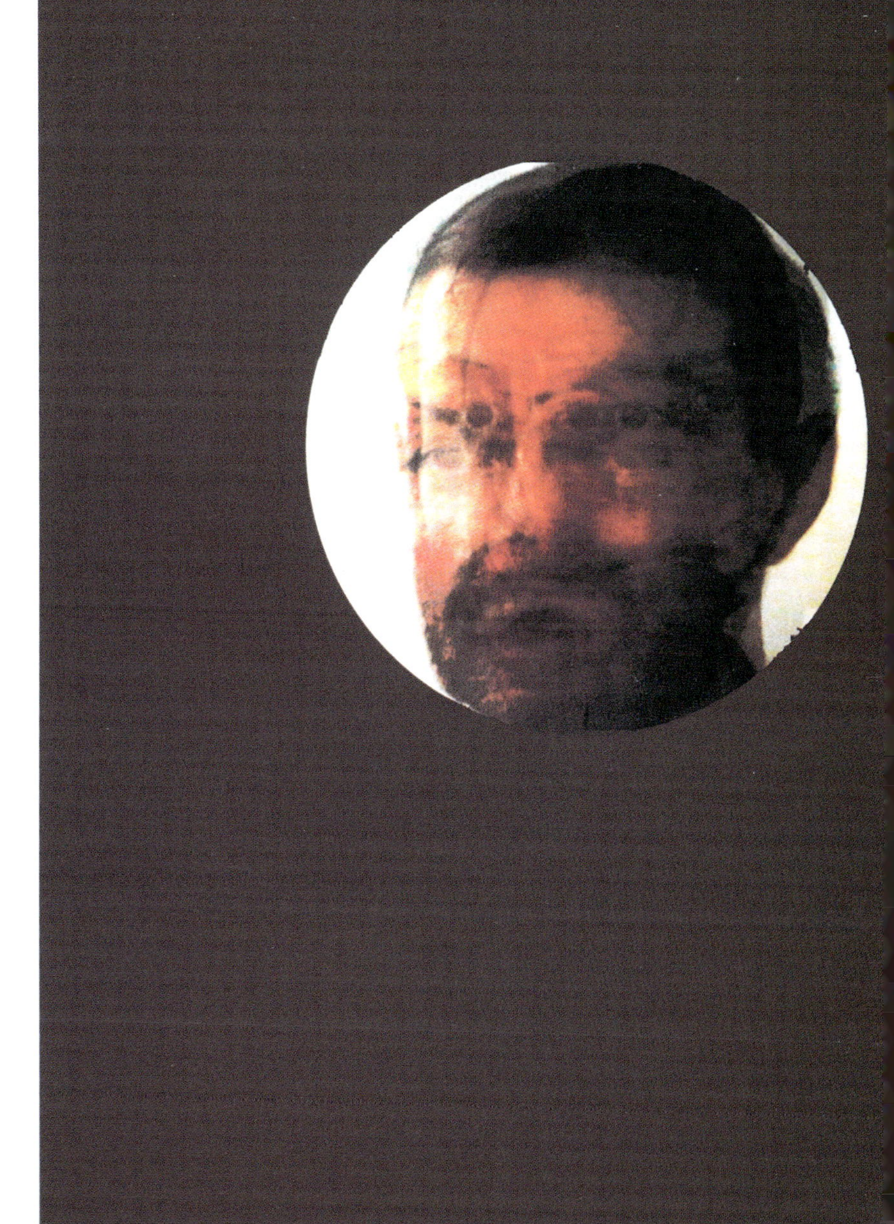

"être les autres", ...

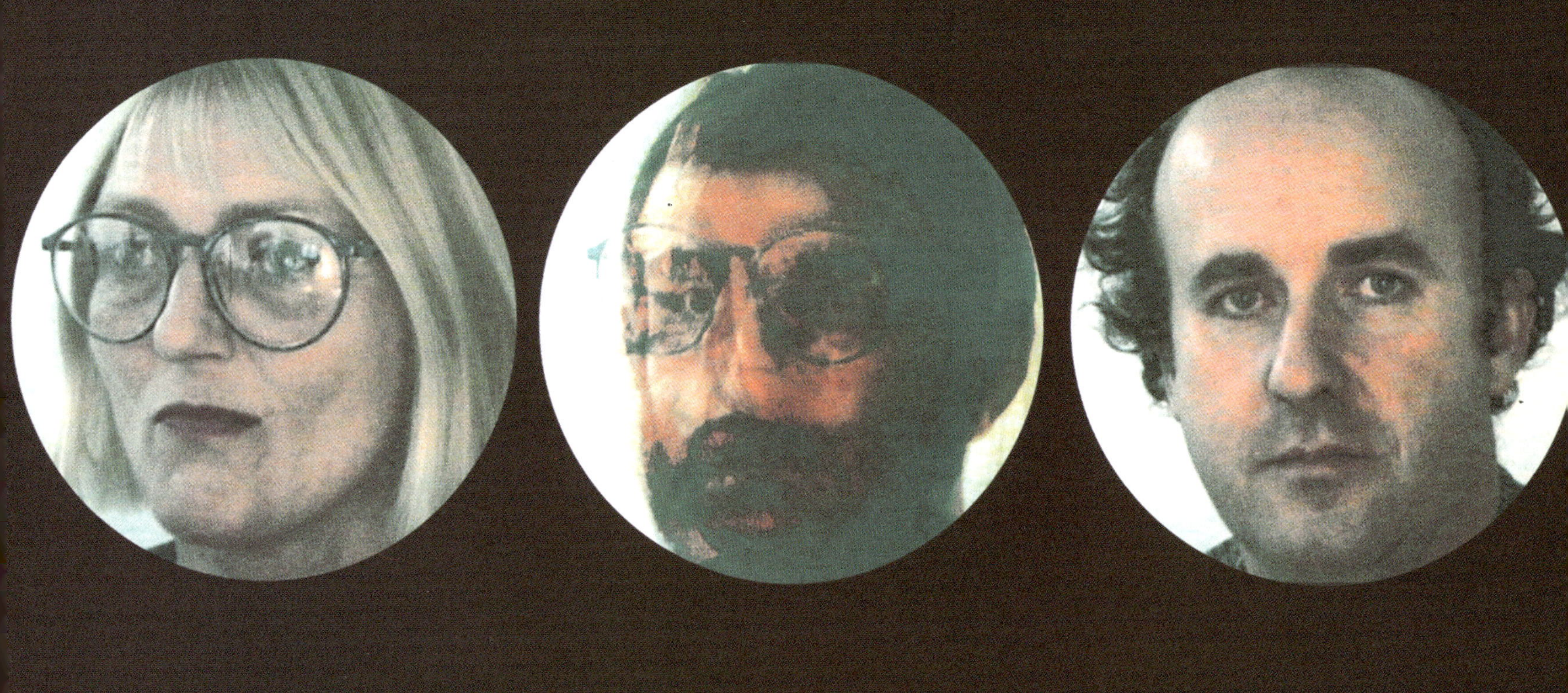

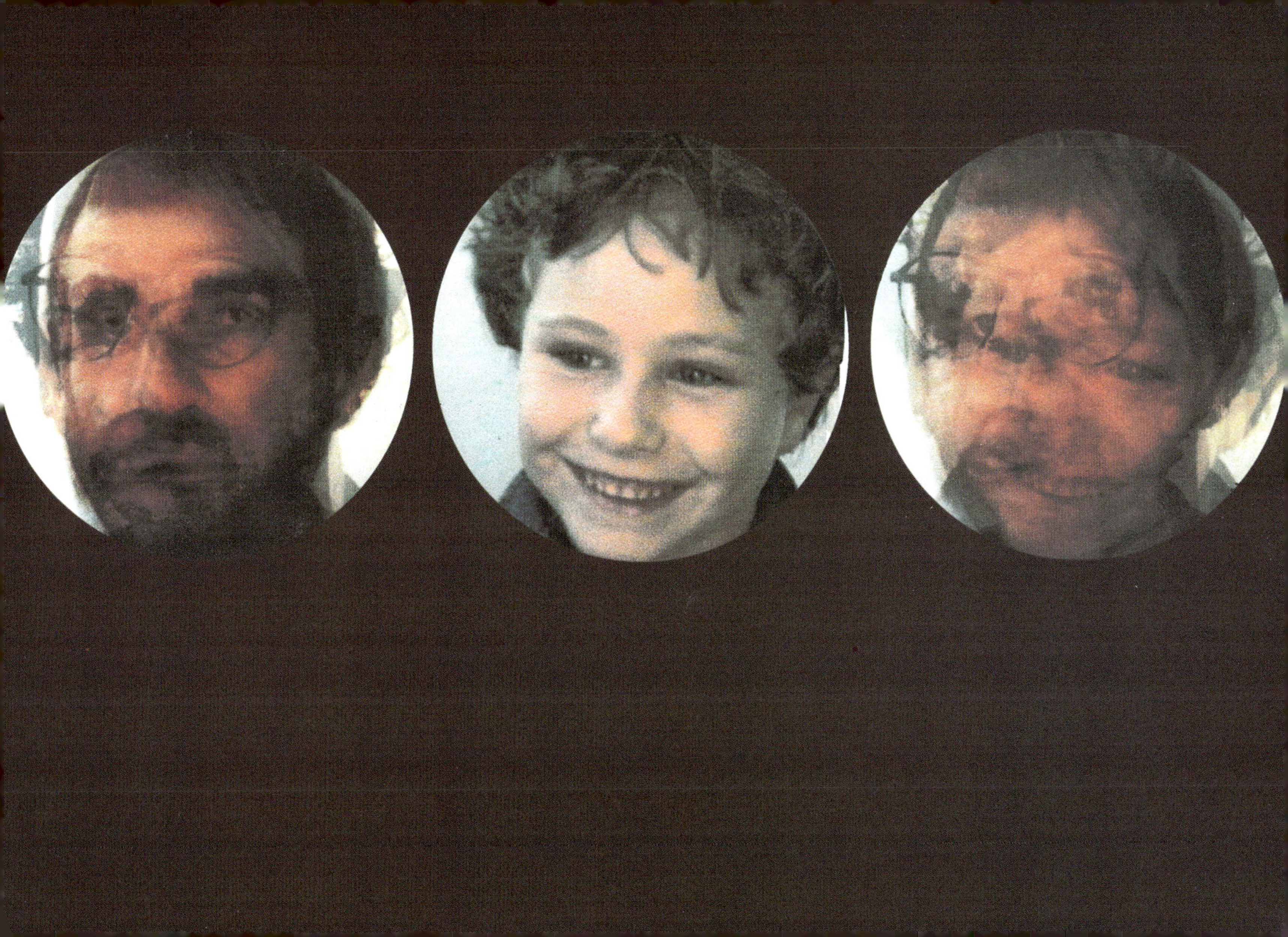

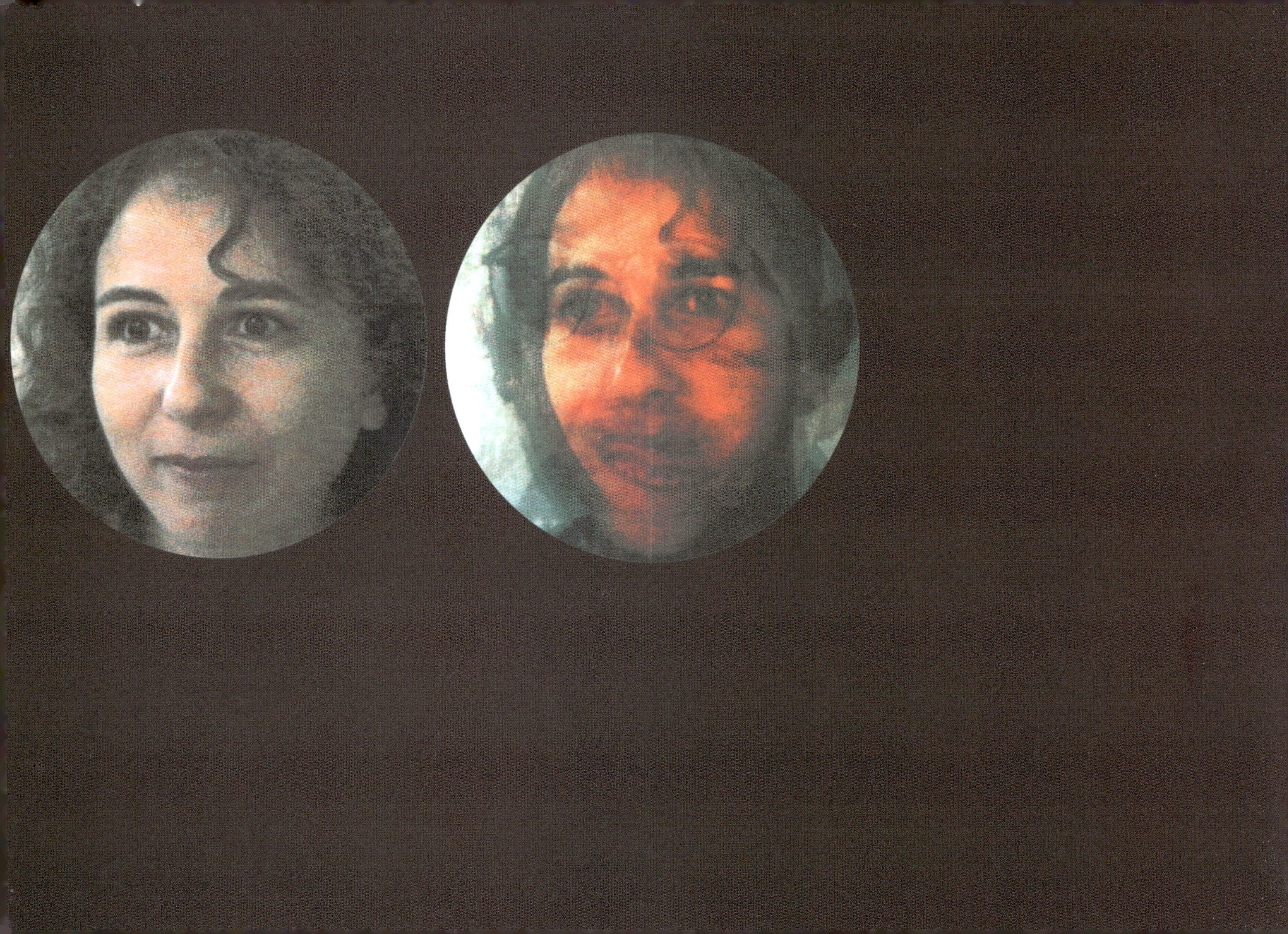

... légitimation d'une culture où le "moi"
se transforme à travers les époques (hors-époque).
Le "moi", le "tu" le "il", le "vous", les "autres"
nécessitent une explosion vers l'ailleurs
d'une possible identification aux autres.
Non plus comme dogme d'une trinité inexplicable;
dieu c'est "moi", "toi", "lui";
remise en question de la conjugaison du verbe
"être". [41]

L'humanisation du verbe devient seulement
un phonème, un son, un poème nécessaire
au dynamisme de la planète, un hymne à l'humanité
vers un futur prochain pour une nouvelle
grammaire "mutatis mutandis".
L'être multiple et l'être dieu ...

Gerardo Dicrola

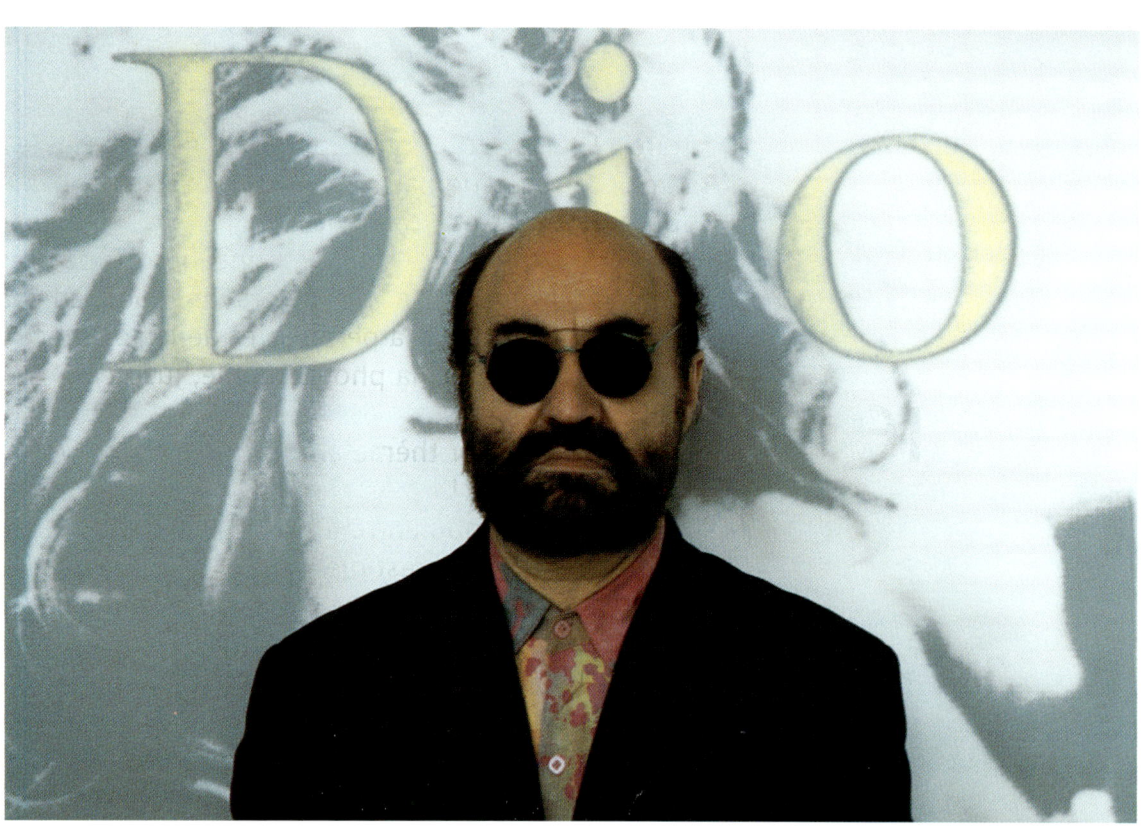

Biographie

Gerardo Dicrola est né à Giffoni, près de Salerne, le 8 avril 1941.
Il a reçu sa formation artistique en Italie.
Depuis 1968, il vit et travaille à Paris.
Sa recherche s'insère dans l'Art Conceptuel. Pour ses opérations artistiques, Dicrola recourt à divers langages, en passant des formes matérielles de la peinture et de la sculpture au théâtre, à la performance et à la photographie, jusqu'aux nouvelles technologies.
Sa recherche a pour thème archétypique la théorisation de l'artiste-caméléon. La pensée de l'artiste est tournée vers l'intercommunication entre les diverses disciplines culturelles.
Il a exposé dans de prestigieuses galeries européennes.
Il a participé à des Biennales d'Art et à des Festivals de cinéma d'artistes. Ses oeuvres figurent dans d'importantes collections ainsi que dans des musées internationaux.
De nombreuses personnalités de la critique d'art et des mass médias ont exprimé leur intérêt pour Gerardo Dicrola.

Biography

Gerardo Dicrola was born in Giffoni, near Salerno, on April 8th, 1941.
He gained his experience in Italy, and has lived and worked in
Paris since 1968, doing research in the field of Conceptual Art.
In his works he employs various visual languages, from painting
and sculpture to theatre, performance and photography, even
utilizing new technologies.
In his research he theorizes on the artist-chameleon as an
archetypal figure, and is particularly interested in the
intercommunication between various cultural disciplines.
Dicrola has shown in major European galleries, and participated
in biennial exhibitions and art film festivals. His works are held
by important collectors and international museums.
Many critics and experts on mass media have shown considerable
interest in his art.

Biografia

Gerardo Dicrola è nato a Giffoni (Sa) l'8 aprile 1941.
La sua formazione artistica avviene in Italia. Dal 1968 vive
e opera a Parigi. La sua ricerca si inserisce nell'Arte Concettuale.
Per le sue operazioni artistiche Gerardo Dicrola usa vari linguaggi
che vanno dalle forme materiche della pittura e della scultura al
teatro, alla performance, alla fotografia fino ad arrivare alle nuove
tecnologie.
La sua ricerca guarda alla teorizzazione dell'artista-camaleonte
come figura archetipica. Il pensiero dell'artista si rivolge
all'intercomunicazione tra le varie discipline culturali.
Ha esposto in prestigiose gallerie europee. Ha partecipato
a Biennali d'arte e festival del cinema di artisti. Le sue opere
sono presenti in importanti collezioni e in musei internazionali.
A Dicrola si sono interessati molti personaggi della critica d'arte
e della massmediologia.

Personnage atypique du système de l'Art Contemporain Lucrezia De Domizio Durini travaille depuis environ trente ans dans le domaine de la culture internationale.
Opératrice culturelle, journaliste, collectionneuse, écrivain, mécène, son nom est particulièrement lié à celui du maître allemand Joseph Beuys avec lequel elle a accompli un travail aussi intense qu'important.
Elle est l'auteur de quinze livres sur la pensée beuysienne, traduits en différentes langues, parmi lesquels nous pouvons rappeler *The Felt Hat*, adopté dans de nombreuses Académies italiennes et étrangères.
Son nom est lié à d'importantes donations, en Italie et à l'étranger, d'œuvres de Joseph Beuys: rappelons à ce titre *Olivestone* à la Kunsthaus de Zurich.
En 1993, Jack Lang lui remet la médaille de Chevalier de l'Ordre des Arts et des Lettres.
En 1990, elle fonde "RISK arte oggi", un périodique d'Intercommunication Culturelle.
Elle vit et travaille à Milan dans son loft de via Mecenate, lieu où se déroulent d'importants événements culturels.

Lucrezia De Domizio Durini, an atypical personality within the contemporary art system, has for thirty years worked in the field of international culture.
She is a cultural professional, journalist, writer and patron. Her name is significantly tied to that of German Master Joseph Beuys whom she worked with intensely and consistently.
The author of fifteen books treating Beuys' thought, translated into various languages, one should mention *The Felt Hat*, adopted as a textbook in many Italian and foreign Academies.
Her name is tied to important donations of works of art carried out by Joseph Beuys: amongst others the donation of *Olivestone* to the Kunsthaus of Zurich.
In 1993 she was nominated Knight of the Order of the Arts and Literature by Jack Lang.
In 1991 she founded the periodical "RISK arte oggi", a review of Cultural Intercommunication.
She lives and works in Milan in her loft in via Mecenate, a place of important cultural events.

Personaggio atipico del sistema dell'Arte Contemporanea Lucrezia De Domizio Durini opera da circa trent'anni nel campo della cultura internazionale.
Operatrice culturale, giornalista, collezionista, scrittrice, mecenate, il suo nome è particolarmente legato a quello del Maestro tedesco Joseph Beuys con cui ha svolto un intenso ed importante lavoro.
È autrice di quindici libri sul pensiero beuysiano, tradotti in varie lingue, tra i quali è da ricordare il *Cappello di Feltro* adottato in Accademie italiane e straniere.
Lega il suo nome a importanti donazioni, in Italia e all'estero, di opere d'arte di Joseph Beuys; si ricordi *Olivestone* alla Kunsthaus di Zurigo.
Nel 1993 è stata insignita da Jack Lang dell'onoreficenza di Cavaliere dell'Ordine delle Arti e della Letteratura.
Nel 1990 ha fondato "RISK arte oggi", periodico di Intercomunicazione Culturale.
Vive e opera a Milano nel suo loft di via Mecenate, un luogo di importanti eventi culturali.

Le vrai valeur de l'Art consiste
à nous faire comprendre
que rien n'est jamais passé.

The true value of Art
is that it shows that nothing
is ever gone.

Lucrezia De Domizio Durini

Il vero valore dell'Arte
è quello di farci capire
che nulla è mai passato.

Finito di stampare nel mese di aprile 1998
da Leva Spa, Sesto San Giovanni
per conto di Edizioni Charta